LE MYSTÈRE DE LA TOUR EIFFEL

L'Exposition universelle de 1889 aura lieu en France. Pour cette manifestation aussi importante, la France veut surprendre tous les autres pays. Des centaines de projets sont proposés, mais un seul retiendra l'attention du gouvernement. Une tour métallique !

TEXTE, EXERCICES ET NOTES NADETTE HUTIN
RÉVISION BÉRÉNICE CAPATTI
ILLUSTRATIONS ASIA NECITTO
ÉDITION LUCILLE DUPONT

DANS LES
LECTURES TRÈS FACILITÉES
ON RETROUVE DES HISTOIRES CONNUES
PAR LES ENFANTS OU CONÇUES EXPRÈS POUR EUX.
ELLES SONT ÉCRITES DANS UN LANGAGE SIMPLE
ET ACCOMPAGNÉES D'ACTIVITÉS ET DE JEUX.

La Spiga languages

L'Exposition universelle ! L'Exposition universelle ! Ces mots sont sur la bouche de tous[1] les Français. Paris a été choisie pour cette manifestation très importante. Il y a une grande frénésie[2] dans l'air, en particulier pour les Parisiens qui s'apprêtent[3] à voir arriver beaucoup de personnes. On commence à penser à l'organisation, à la réceptivité[4] des visiteurs. Paris doit être prête à temps.

1. **être sur la bouche de tous :** tout le monde en parle.
2. **frénésie :** sentiment très fort, exaltation.
3. **s'apprêter :** se préparer à, être disposé à.
4. **réceptivité :** pouvoir recevoir un grand nombre de personnes.

ACTIVITÉS

✎ **Relie les syllabes entre elles et forme des mots.**

> FRE • PRO • VI • PA • MOU •
> BLE • RI • VE • SI • NE • TEUR
> • ME • SIE • SIEN • MENT

✎ **Écris des phrases avec les mots trouvés.**

....
....
....
....
....
....
....
....

La France veut surprendre[1] les visiteurs qui viendront. Elle veut les éblouir[2] par quelque chose de surprenant, par quelque chose de phénoménal[3]. Beaucoup de personnes inventent des machines incroyables, des outils[4] inutiles. Plusieurs projets, presque identiques, naissent. On parle d'une tour métallique, d'une tour gigantesque. C'est une compétition[5] acharnée[6] entre tous les projets.

1. **surprendre :** étonner, prendre à l'improviste.
2. **éblouir :** émerveiller, fasciner.
3. **phénoménal :** étonnant, extraordinaire, prodigieux.
4. **outils :** objets mécaniques pour travailler.
5. **compétition :** concurrence entre différentes personnes.
6. **acharner :** s'attacher à quelque chose avec obstination.

ACTIVITÉ

✎ Remets les mots dans le bon ordre.

Exposition / est / moment / France / l' / un / très / important / la / pour

....

beaucoup / il y a / pour / projets / manifestation / de / cette

....

est / projet / beaucoup / personnes / de / fascine / ambitieux / c' / qui / un

....

chantier / apparaissent / nuit / le / sur / ombres / la / fugitives / des

....

personnes / contre / tour / leur / sont / ils / opinion / et / manifestent / cette / des

....

tour / devenue / la / monde / dans / France / entier / le / de la / symbole / le / est

....

À la fin, une idée géniale[1] est prise en considération. Il s'agit bien d'une tour; c'est celle de deux ingénieurs[2] qui travaillent pour l'ingénieur Gustave Eiffel qui est retenue[3]. Ce sont les ingénieurs Émile Nouguier et Maurice Koechlin. Nous sommes en juin 1884. À partir de ce moment-là, il y a une grande effervescence[4] dans la capitale. La parole " exposition universelle " commence à se concrétiser[5].

1. **géniale :** originale, fantastique, merveilleuse.
2. **ingénieur :** créateur d'objets / structures mécaniques.
3. **retenue :** prise en considération.
4. **effervescence :** agitation.
5. **se concrétiser :** devenir réel.

ACTIVITÉ

✎ **Complète les phrases avec une préposition correcte.**

> avec • sans • sur • sous • devant • derrière

– Le jardin de Pierre se trouve .... la mairie
– Paul a mis tous ses jouets .... son lit
– Le livre de français est .... le bureau de mon frère
– Le père de Véronique est resté .... travail
– Je vais au cinéma .... mes amis d'enfance
– .... la piscine, il y a un beau parc.

Janvier 1887. Finalement, le grand jour est arrivé. Sur le chantier[1], il y a beaucoup d'ouvriers et bien sûr l'ingénieur Gustave Eiffel qui dirige[2] les travaux accompagné de ses deux collaborateurs[3]. Le public parisien est venu nombreux assister à cet événement historique. Mais tout le monde ne partage pas cet enthousiasme. En effet, divers articles ont été publiés[4] dans les journaux au début de l'année 1886 pour protester[5] contre cette " laideur[6] " de tour.

1. **chantier :** lieu où se déroulent des travaux de construction.
2. **diriger :** commander, exercer une autorité.
3. **collaborateur :** personne qui travaille avec d'autres à un même projet.
4. **publier :** divulguer, faire paraître.
5. **protester :** déclarer son opposition, s'élever contre.
6. **laideur** contraire de beauté.

ACTIVITÉS

✎ **Trouve les mois de l'année.**

M	N	F	E	V	R	I	E	R	A
A	O	U	T	J	U	I	N	B	C
R	V	J	A	N	V	I	E	R	D
S	E	P	T	E	M	B	R	E	E
F	M	G	H	I	A	V	R	I	L
K	B	L	J	U	I	L	L	E	T
N	R	O	C	T	O	B	R	E	O
D	E	C	E	M	B	R	E	P	Q

✎ **Écris les mots trouvés.**

....
....
....
....
....
....

Les travaux ont à peine commencé que les premières critiques[1] arrivent. En effet, le 14 février 1887, des artistes protestent contre ces travaux. Guy de Maupassant est indigné par cette construction et dit à son ami Paul Verlaine : " Nous ne pouvons pas tolérer[2] une chose pareille[3] ! ". Son ami est d'accord. Ils dénoncent[4] le fait par des articles assez virulents[5]. Ils sont contre ce projet qu'ils définissent absurde et horrible.

1. **critique** : observation contre quelque chose, juger quelque chose.
2. **tolérer** : permettre, supporter.
3. **pareille** : de ce genre, comme cela.
4. **dénoncer** : signaler quelque chose.
5. **virulent** : très fort, avec violence.

ACTIVITÉ

✎ **Connais-tu ces livres ?
Réponds aux questions.**

Qui a écrit " Les Trois Mousquetaires " ?
....
Qui est l'auteur de " Le tour du monde en 80 jours " ?
....
Qui a écrit " L'île au trésor " ?
....
Qui a écrit " Les aventures de Pinocchio " ?
....
Quel genre de romans lis-tu ? Pourquoi ?
....
....
....

Tous les jours, de nombreux badauds[1] assistent au progrès[2] de la construction de la tour. En cinq mois seulement, les fondations[3] ont été construites. Un attroupement[4] plus important se forme quand arrivent les pièces métalliques pour le montage de la tour. " OH ! AH ! Comme c'est grand ! " s'exclament les curieux. Mais tout le monde n'est pas de cet avis et regarde de façon suspecte les poutres[5] en fer qui s'élèvent. Pourraient-elles tomber sur les riverains[6] ?

1. **badaud :** passant, promeneur qui passe son temps à regarder ce qui arrive.
2. **progrès :** avancement des travaux.
3. **fondation :** partie inférieure d'une construction.
4. **attroupement :** m, groupe de personnes, un certain nombre de personnes.
5. **poutres :** bâtons métalliques pour construire la tour.
6. **riverain :** personne qui habite le long de la construction.

ACTIVITÉ

✎ **Transforme les phrases affirmatives en phrases négatives.**

La Tour Eiffel est construite pour l'Exposition universelle
La Tour Eiffel n'est pas construite pour …

Beaucoup de personnes assistent à la construction.
....
Toutes les personnes sont contentes de cet événement.
....
Les poutres en fer sont très solides.
....
La Tour Eiffel est le plus beau monument de Paris.
....
La Tour Eiffel attire beaucoup de visiteurs chaque année.
....

Les premiers problèmes arrivent avec le manque de matériel. Des pièces métalliques n'arrivent plus à destination et les ouvriers ralentissent[1] leur besogne[2]. Mais comment cela est-il possible ? Pourquoi le matériel n'est plus livré[3] sur le chantier ? Et voilà que les Parisiens commencent à parler des problèmes de la Tour Eiffel : s'agit-il d'une coïncidence[4] ou d'un ralentissement voulu contre l'Exposition ?

1. **ralentir :** rendre plus lent le travail.
2. **besogne :** travail, ouvrage.
3. **livrer :** apporter, donner.
4. **coïncidence :** ensemble de circonstances.

ACTIVITÉ

 Mots croisés.

HORIZONTAL
1) adjectif, en métal
3) grande manifestation
6) contraire d'augmenter la vitesse
8) une partie
9) opinion

VERTICAL
1) ensemble d'équipements pour la construction
2) contestation
4) travailleur manuel
5) parvenir à destination
7) appareil servant à élever ou descendre des personnes

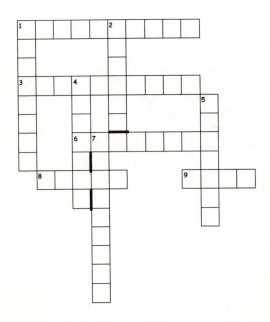

Après beaucoup de polémiques dans les journaux et des informations sans fondement[1] qui circulent dans les rues de la capitale, ce sont les riverains du Champ-de-Mars qui sont très inquiets[2]. Une rumeur[3] se diffuse très rapidement sur la possibilité d'un écroulement[4] de la Tour sur leurs maisons. Ils organisent une manifestation pour bloquer la continuation des travaux : Gustave Eiffel réussit à les convaincre[5] et leur explique que cela est impossible.

1. **sans fondement :** sans preuve concrète.
2. **inquiet :** préoccupé.
3. **rumeur :** une voix qui circule.
4. **écroulement :** chute.
5. **convaincre :** amener quelqu'un à la raison, faire reconnaître la vérité.

ACTIVITÉS

✎ Vrai (V) ou faux (F) ?

	V	F
– La Tour Eiffel est à Rome.	❏	❏
– Tous les Parisiens sont contents de la Tour.	❏	❏
– On fête l'Exposition universelle.	❏	❏
– Certains artistes sont contre la construction.	❏	❏
– L'Exposition a eu lieu en 1989.	❏	❏
– À New-York, il y a aussi une tour métallique.	❏	❏
– La Tour Eiffel existe encore aujourd'hui.	❏	❏

✎ Écris correctement les phrases erronées.

....
....
....
....

Finalement les travaux se poursuivent[1] : Vingt-et-un mois ont passé depuis le début des travaux. Les Parisiens peuvent voir cette architecture un peu insolite, prendre forme et s'élever dans le ciel. Un jour important est arrivé, on doit installer[2] un ascenseur vertical formé de deux cabines s'équilibrant[3] mutuellement. C'est un événement très important. Les ouvriers murmurent : " Quelle technologie ! On n'arrête pas le progrès ! ". Tous sont très fiers[4] de leur travail.

1. **se poursuivre :** continuer une action.
2. **installer :** mettre en place, aménager quelque chose.
3. **s'équilibrer :** être en équilibre, être équivalent.
4. **fier :** orgueilleux.

ACTIVITÉS

✎ **Relie le présent et le participe passé des verbes.**

lis	vu
téléphone	étudié
crois	lu
étudie	téléphoné
vois	cru

✎ **Écris des phrases avec les verbes ci-dessus.**

Grégory téléphone à ses amis.
Grégory a téléphoné à ses amis jeudi soir.

....
....
....
....
....

Des ascenseurs sont également installés dans les piliers[1] Est et Ouest de la Tour. Ils sont actionnés par une double chaîne sans fin mue[2] par la force hydraulique : la construction est presque finie. Mais, à la tombée de la nuit, on peut apercevoir des ombres mystérieuses rôder[3] sur le chantier. Que font-elles ? Un matin, on découvre que la chaîne a été tranchée[4] ! Heureusement personne n'a utilisé l'ascenseur. On le répare rapidement mais le chef de chantier décide de faire des rondes[5] la nuit.

1. **pilier :** support vertical dans une construction.
2. **mu :** actionné, activé.
3. **rôder :** errer sans but précis, tourner autour.
4. **trancher :** couper de façon nette.
5. **des rondes :** des inspections nocturnes.

ACTIVITÉ

✎ **Imagine le dialogue entre le chef de chantier et un ingénieur.**

Heureusement, tout est arrangé[1]. Les derniers réglages[2] ont été faits et contrôlés plusieurs fois. L'ingénieur Gustave Eiffel est très fier de son travail. C'est une réussite complète, il est très orgueilleux[3] de cette tour, surtout du fait que la construction a été faite en un temps record. Le chantier s'achève[4] le 31 mars 1889. Il règne une atmosphère d'euphorie[5].

1. **tout est arrangé :** tout fonctionne bien.
2. **réglage :** action de régler des appareils.
3. **orgueilleux :** très fier.
4. **s'achever :** terminer.
5. **il règne une atmosphère d'euphorie :** toutes les personnes sont très contentes.

ACTIVITÉS

✎ Mets ces mots à leur place.

> assiettes • télévision • ordinateur •
> table basse • téléphone • imprimante •
> casseroles • fruits • lampadaire •
> tasses et soucoupes • étagères • divan

CUISINE	SALON	BUREAU
....	....	....
....	....	....
....	....	....
....	....	....

✎ Ajoute quelques mots dans chaque colonne.

....	....	....
....	....	....
....	....	....

Tout le monde parle de la Tour. La France entière commente[1] cette merveilleuse aventure. Un journaliste, Émile Goudeau, visite la Tour. Il reste stupéfait[2] de sa structure[3], de son originalité et de sa technologie[4]. Il écrit un long article sur son journal où il relate[5] toutes ses émotions durant la visite.

1. **commenter :** faire des remarques.
2. **rester stupéfait :** rester immobile de surprise.
3. **structure :** ensemble de différentes parties.
4. **technologie :** procédé employé pour installer, construire quelque chose.
5. **relater :** raconter en détail des événements.

ACTIVITÉ

✎ **Trouve les cinq différences.**

....
....
....
....

Finalement, les travaux sont complètement terminés. La Tour rayonne[1] sur Paris. C'est un énorme succès populaire. Les Parisiens sont venus admirer[2] " leur " Tour. Toute la ville est en effervescence[3]. Mais tout le monde ne partage pas cet enthousiasme. Des mouvements littéraires restent contraires à[4] cette construction qu'ils continuent d'appeler " la laideur parisienne ".

1. **rayonner** : la tour domine la ville, c'est une expression de bonheur.
2. **admirer :** contempler, regarder avec joie.
3. **être en effervescence :** être très agité.
4. **rester contraire à :** être d'avis opposé.

ACTIVITÉ

✎ Quelle heure est-il ?

Il est
une heure

La ville veut fêter dignement[1] cet événement : on prépare un beau tapis sur l'étroite plate-forme[2] du sommet de la Tour afin de permettre aux autorités[3] locales d'y prendre place. Le Maire de Paris remet très officiellement la Légion d'Honneur[4] à Gustave Eiffel qui en est très fier. La fanfare, au pied de la Tour, entonne l'hymne national. Les applaudissements retentissent[5] très forts.

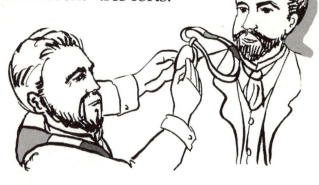

1. **dignement** : avec dignité, avoir du respect pour quelque chose.
2. **plate-forme** : surface plate et horizontale élevée.
3. **les autorités** : les personnes plus importantes de la ville.
4. **la Légion d'Honneur** : médaille de l'ordre national français.
5. **retentir** : avoir un son très fort et long.

ACTIVITÉS

✎ **Que fait Paul dans la journée ?**

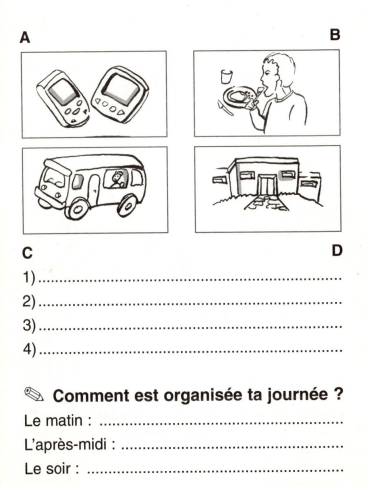

1) ....
2) ....
3) ....
4) ....

✎ **Comment est organisée ta journée ?**

Le matin : ....
L'après-midi : ....
Le soir : ....

1889. C'est une date très importante pour Paris et pour la France. Tout est prêt pour recevoir[1] les exposants du monde entier avec leurs inventions. Cette date restera longtemps dans la mémoire[2] des Parisiens. En effet, deux millions de visiteurs visiteront cette fabuleuse Exposition universelle. Aujourd'hui comme à l'époque, la Tour Eiffel veille[3] encore sur Paris et défie[4] toutes les contestations. Elle est devenue le symbole de Paris.

1. **recevoir :** accueillir des personnes.
2. **rester dans la mémoire :** ne pas oublier quelque chose, en parler de temps en temps.
3. **veiller :** protéger, faire une certaine surveillance.
4. **défier :** affronter, braver, lutter contre quelque chose et quelqu'un.

ACTIVITÉ

✎ **Réponds aux questions.**

As-tu déjà visité Paris ?

....

....

Quels sont les monuments importants que tu connais ?

....

....

Quelle est la ville que tu préfères ? Pourquoi ?

....

....

Comment est ta ville ? Fais-en une description.

....

....

....

Comment imagines-tu la ville du futur ?

....

....

....

• LECTEURS EN HERBE • EN COULEURS 🎧 •

Béril	ASTRELIX DANS L'ESPACE
Hoffmann	PIERRE L'ÉBOURIFFÉ
Lutun	ZAZAR
Moulin	LE COMTE DRACULA
Moulin	NESSIE LE MONSTRE
Moulin	ROBIN DES BOIS
Vincent	LA FAMILLE FANTOMAS
Lutun	ZAZAR ET LE COQUILLAGE
Lutun	ZAZAR ET LE RENARD
Martin	HALLOWEEN
Martin	BROB LE BRONTOSAURE

• PREMIÈRES LECTURES •

Aublin	LE RIFIFI
Aublin	MERLIN L'ENCHANTEUR
Aublin	SCARAMOUCHE
Avi	LE TITANIC
Brunhoff	L'ÉLÉPHANT BABAR
Busch	MAX ET MAURICE
Cabline	VERCINGÉTORIX
Capatti	JOUEZ avec la GRAMMAIRE FRANÇAISE
Daudet	LA CHÈVRE DE M. SÉGUIN
Dumas	LES TROIS MOUSQUETAIRES
Dutrois	L'ACCIDENT !
Dutrois	OÙ EST L'OR ?
Germain	LE PETIT DRAGON
Gilli	MÉDOR ET LES PETITS VOYOUS
Grimm	CENDRILLON
Grimm	LES GNOMES
Hutin	LA MAISON DES HORREURS
Hutin	LE PAPILLON
La Fontaine	LE LIÈVRE ET LA TORTUE
Leroy	LES AVENTURES D'HERCULE
Les 1001 Nuits	ALI BABA ET LES 40 VOLEURS
Messina	LE BATEAU-MOUCHE
Perrault	LE PETIT CHAPERON ROUGE
Stoker	DRACULA

• PREMIÈRES LECTURES 🎧 •

Arnoux	LE MONSTRE DE LOCH NESS
Andersen	LES HABITS DE L'EMPEREUR
Flotbleu	D'ARTAGNAN
Grimm	HANSEL ET GRETEL
Hugo	LE BOSSU DE NOTRE-DAME
Laurent	LE DRAGON DORMEUR
Laurent	POCAHONTAS
Pellier	LE VAMPIRE GOGO
Pergaud	LA GUERRE DES BOUTONS
Renard	POIL DE CAROTTE
Sand	LA PETITE FADETTE
Stoker	DRACULA

• LECTURES TRÈS FACILITÉES •

Aublin	FRANKENSTEIN contre DRACULA
Avi	LE COMMISSAIRE
Avi	LE TRIANGLE DES BERMUDES
Cabline	NAPOLÉON BONAPARTE
Capatti	JOUEZ avec la GRAMMAIRE FRANÇAISE
Cavalier	LES MÉSAVENTURES DE RENART
Ducrouet	NUIT DE NOËL
Géren	LE BATEAU VIKING
Géren	LE MONSTRE DES GALAPAGOS
Germain	LE VAMPIRE
Gilli	UN CŒUR D'ENFANT
Gilli	PARIS-MARSEILLE VOYAGE EN T.G.V.
Hémant	MARIE CURIE
Hutin	CARTOUCHE
Hutin	LE MYSTÈRE DE LA TOUR EIFFEL
Laurent	UN VOLONTAIRE DANS L'ESPACE
Leroy	ANACONDA, LE SERPENT QUI TUE
Mass	LA CHASSE AU TRÉSOR
Mass	OÙ EST L'ARCHE DE NOÉ?
Mérimée	LA VÉNUS D'ILLE
Messina	GRISBI

• LECTURES TRÈS FACILITÉES 🎧 •

Arnoux	BONNIE ET CLYDE • FUITE D'ALCATRAZ
Aublin • Wallace	SISSI • BEN HUR
Avi • Doyle	PIRATES • LA MOMIE
Cabline	LES CHEVALIERS DU ROI ARTHUR
Dubois	CONTES ET LÉGENDES DE PROVENCE
Dumas	LE COMTE DE MONTE-CRISTO
Germain • Saino	HALLOWEEN • LE MASQUE
Hoffmann	PIERRE L'ÉBOURIFFÉ
Hutin	LES COPAINS
Pellier	LE REQUIN • HISTOIRES FANTÔMES
Perrault • Leroux	BARBE BLEU • FANTÔME de l'OPÉRA
Sennbault	MEURTRE SUR LA CROISETTE
Verne	L'ÎLE MYSTÉRIEUSE

• LECTURES FACILITÉES •

SÉLECTION

Beaumont	LA BELLE ET LA BÊTE
Capatti	JOUEZ avec la GRAMMAIRE FRANÇAISE
Dumas	LES TROIS MOUSQUETAIRES
Flaubert	MADAME BOVARY
Forsce	JACK L'ÉVENTREUR
Giraud	L'HISTOIRE D'ANNE FRANK
Juge	JEANNE D'ARC
Malot	SANS FAMILLE

Martini	LA CHANSON DE ROLAND
Martini	LE ROMAN DE RENART
Maupassant	BOULE DE SUIF
Maupassant	UNE VIE
Mercier	CONTES D'AFRIQUE
Mercier	L'AFFAIRE DREYFUS
Molière	LE MALADE IMAGINAIRE
Pergaud	LA GUERRE DES BOUTONS
Perrault	LE CHAT BOTTÉ
Rabelais	GARGANTUA ET PANTAGRUEL
Radiguet	LE DIABLE AU CORPS
Renard	POIL DE CAROTTE
Rostand	CYRANO DE BERGERAC
Sand	LA MARE AU DIABLE
Sand	LA PETITE FADETTE
Ségur	MÉMOIRES D'UN ÂNE
Troyes	PERCEVAL
Verne	DE LA TERRE À LA LUNE
Verne	LE TOUR DU MONDE EN 80 JOURS
Verne	20 000 LIEUES SOUS LES MERS

• LECTURES FACILITÉES 🎧 •

Beaumarchais • Fraiche	FIGARO • ROBESPIERRE
Beaum • Hugo	BARBIER SÉVILLE • MISÉRABLES
Dunsien	LA GUERRE D'INDOCHINE
Forsce	RICHARD CŒUR DE LION
Fraiche	CHARLEMAGNE
Gautier	LE ROMAN DE LA MOMIE
Loti • Messina	PÊCHEUR • JOCONDE
Mercier • Renard	CONTES • POIL DE CAROTTE
Molière	TARTUFFE
Parfait	MON ONCLE LE COMMISSAIRE
Saino • Juge	ORIENT EXPRESS • ANDES
Ségur • Pergaud	MÉMOIRES ÂNE • GUERRE BOUTONS
Voltaire	CANDIDE

• LECTURES SANS FRONTIÈRES 🎧 •

Balzac	LE PÈRE GORIOT
Béguin	AMISTAD
Béguin (SANS CD)	JOUEZ avec la GRAMMAIRE
Combat	HALLOWEEN
Conedy	COCO CHANEL
Diderot	JACQUES LE FATALISTE
Dumas	LA DAME AUX CAMÉLIAS
Flaubert	L'ÉDUCATION SENTIMENTALE
Flaubert	MADAME BOVARY
France	LE LIVRE DE MON AMI
Hugo	LES MISÉRABLES
Hugo	NOTRE-DAME DE PARIS
Iznogoud	JACK L'ÉVENTREUR
Maupassant	BEL-AMI
Messina	JEANNE D'ARC
Messina	MATA HARI
Messina	NAPOLÉON. L'HISTOIRE D'UNE VIE
Molière	L'ÉCOLE DES FEMMES
Molière	LE MISANTHROPE
Proust	UN AMOUR DE SWANN
Sampeur	RAPA NUI
Stendhal	LE ROUGE ET LE NOIR
Térieur	LE TRIANGLE des BERMUDES
Zola	GERMINAL
Zola	THÉRÈSE RAQUIN

• AMÉLIORE TON FRANÇAIS •

SÉLECTION

Alain-Fournier	LE GRAND MEAULNES
Anouilh	BECKET
Balzac	L'AUBERGE ROUGE
Balzac	L'ÉLIXIR DE LONGUE VIE
Baudelaire	LA FANFARLO
Corneille	LE CID
Daudet	LETTRES DE MON MOULIN
Duras	AGATHA
Flaubert	🎧 UN CŒUR SIMPLE
Gautier	LA MORTE AMOUREUSE
Hugo	Le DERNIER JOUR d'un CONDAMNÉ
La Fontaine	FABLES
Maupassant	MADEMOISELLE FIFI
Molière	L'AVARE
Molière	TARTUFFE
Molière	LES PRÉCIEUSES RIDICULES
Perrault	🎧 CONTES
Prévost	MANON LESCAUT
Rousseau	RÊVERIES DU PROMENEUR SOLITAIRE
Simenon	LES 13 ÉNIGMES
Stendhal	🎧 HISTOIRES D'AMOUR
Voltaire	MICROMÉGAS

• CLASSIQUES DE POCHE •

Baudelaire	🎧 LE SPLEEN DE PARIS
Duras	L'AMANT
Hugo	🎧 LA LÉGENDE DU BEAU PÉCOPIN
La Fayette	🎧 LA PRINCESSE DE CLÈVES
Maupassant	CONTES FANTASTIQUES
Pascal	🎧 PENSÉES
Proust	🎧 VIOLANTE OU LA MONDANITÉ
Racine	PHÈDRE
Sagan	BONJOUR TRISTESSE
Simenon	L'AMOUREUX DE MME MAIGRET
Voltaire	🎧 CANDIDE

© 2009 ELI SRL - **LA SPIGA LANGUAGES** • TÉL. +39 02 2157240 • info@laspigamodern.com • info@elionline.com
IMPRIMÉ EN ITALIE PAR **LITO TERRAZZI**